PAUL KLEE'S BOAT

PAUL KLEE'S BOAT

Poems by

Anzhelina Polonskaya

Translated from Russian by

Andrew Wachtel

ZEPHYR PRESS
Brookline, MA

Cover art: Paul Klee, "Abenteuerschiff" (1927), reproduced by kind
permission of the Bayerische Staatsgemäldesammlungen
Book design by *type*slowly
Printed in Michigan by Cushing-Malloy Inc.

The translator and poet thank the following journals for their willingness
to provide a venue for first publication as well as allowing us to reprint the
work in this collection:

International Poetry Review, USA; *Modern Poetry in Translation*, UK; *Stand*,
UK; *Poetry Review*, UK; *Poetry Salzburg Review*, Austria; *Descant*, Canada;
World Literature Today, USA; *The Malahat Review*, Canada; *Boulevard
Magazine*, USA; *The Magazine of International PEN*, UK; *Fulcrum*, USA;
The café Review, USA; *The American Poetry Review*, USA; *Plume*, USA;
Drunken Boat, USA; *The Massachusetts Review*, USA; *Prairie Schooner*,
USA; *Iowa Review*, USA.

Special Thanks to:

International Writers and Translators Centre of Rhodes, Fundacion
Valparaiso, Hawthornden International Retreat for Writers, Cove Park
Scottish Arts Council, Camargo Foundation, Ledig House, Le Chateau
de Lavigny, Ventspils International Writers' and Translators' House,
MacDowell Colony, Rockefeller Foundation Bellagio Center, Villa Sträuli,
Center for Slovenian Literature, Yadoo Corporation.

Zephyr Press acknowledges with gratitude the financial support of the
Massachusetts Cultural Council.

massculturalcouncil.org

98765432 first edition in 2013

ZEPHYR PRESS
50 Kenwood Street
Brookline, MA 02446
www.zephyrpress.org

Table of Contents

Translator's Foreword

When I was first introduced to Anzhelina Polonskaya's poetry in 1999, the poet herself had recently returned to Moscow from a two-year stint working as a professional ice-show dancer in Central and South America. I was organizing a poetry festival at Northwestern University that was to feature poets from three countries (Russia, Poland, and Slovenia) and from three generations. Andrei Voznesensky, who was participating as a member of the oldest generation, recommended that we invite her to represent the generation of the 1990s.

Polonskaya sent her poetry for translation, and I discovered a poetic voice quite different from the meta-metaphorists and conceptualists of the 1970s and 80s, whose work I had translated for a number of anthologies. Perhaps this is because Polonskaya, unlike most Russian poets, had not received a classical literary education. Rather, her poetry comes almost exclusively from her own experience and, even more important, from her own thoughts. This is not to say that Polonskaya is uneducated. She has read widely in Russian (Brodsky, Tsvetaeva, Akhmatova, and Mayakovsky being particularly important) in Anglo-American and in Spanish poetry. Nevertheless, her lack of formal literary education has allowed her to be far freer in her relationship with previous poets than is the case with many of her contemporaries, who frequently seem to be engaged in a hermetically sealed dialogue with the tradition. Thus, while one can find echoes of the diction of other poets in her work, her poetry lacks the typical self-consciousness of those poets who are more immediately aware of the weight of their literary tradition.

Polonskaya consciously guards her outsider status, choosing to live not in Moscow itself, but in the little town of Malakhovka, where she was born in 1969, some thirty miles from the center of the city, a peaceful enclave far from the daily squabbles of Moscow literary life. As often as she can, she escapes from the oppressive social and political atmosphere of Russia, and, taking advantage of a number of prestigious residencies, creates the bulk of her work while abroad, following a Russian tradition of using both internal and external exile (in this case self-imposed) to fuel creativity.

Not surprisingly, Polonskaya's work has evolved considerably since the early 2000s. In the first collection we published together, *A Voice* (Northwestern University Press, 2004) many of the poems represented brief narratives, built on squeezing out every unnecessary word to achieve an exceptional degree of compression, and thereby allowing the skeleton of a story to come to the fore with all of its naked emotion intact. In the following example, the enjambment between the title and the first line pushes the reader headlong into a story of loss and regret:

> When their faces
> touched her fingers ached, as if she'd dipped them in ice water.
> In her memory only shards remained.
> Better cast off, but there aren't any boats on the quay,
> so you sit and watch marmalade birds freeze.
>
> White. Very white, like that closeness, like the brightness of autumn
> amidst the maples, the rocks, and the sand flecked with gray.
> "Don't touch me," she'd said.
> But that face tracked her everywhere, across borders even.
>
> And now, the cities — with jutting chimneys,
> wet sidewalks and soot-covered windows —
> watch as she hunts everywhere: for the lashes, lips, eyes,
> from which she'd begged just one thing — don't touch me.

Polonskaya's newer work for the most part eschews narrative, and is far more visual in nature. It can almost be described as pictorial; surely it is no accident that *Paul Klee's Boat* contains a number of poems that directly refer to individual works of art, although in most (but not all) cases these are not ekphrastic descriptions of the work, but rather evocations of the mood produced by seeing it. Take, for example, "Like David":

Could this be the fear of leaves on a fall day?
David the conqueror gropes the space through empty sockets;
he forgot that he turned to stone long ago and has nowhere to run.
The damp horizon looks like a potato sliced by a spade.
There'll be snow tomorrow. It will alter our faces, sewing solemn lines
of wrinkles.
Winter's white goats will wander the orchard, stripping bark from the
apple trees,
and they'll look into the windows where we warm our hands over a
quiet geranium fire.
Such are the days here, like drops of water in a prisoner's solitary cell.
And we are immobile, like David, our legs planted deep in the ground.

It is not as if the poem's narrators are actually looking at Michelangelo's statue. Rather they are recalling it, which allows them to create a moving connection between an attribute of the statue (its empty immobility) and their situation — a couple trapped somewhere in the north in the absence of a discernible story line. To be sure, there may be a story line behind this poem, but it too has now been squeezed out, leaving only the barest husk behind, a technique that readers will find in many of the most effective poems in this collection.

The high point of this collection, in my view, is the ten poems of the cycle "Kursk." They were written over a number of years, and they also do not form a coherent narrative. Indeed, although they commemorate the tragic sinking of the Soviet submarine Kursk in August 2000, the poems make no direct mention of the event. They do, however, evoke in an extraordinarily moving way, the simple tragedies of loneliness, fear and loss that have always marked man's battle with the sea and the emptiness left behind on land after the men have departed. As it happens, and as the reader of this entire collection will easily notice, themes of loss, parting, emptiness and miscommunication are typical of Polonskaya's work in general. Here, organized and concentrated with the help of Australian composer David Chisholm (who commissioned the libretto after having become acquainted with one of the poems of the cycle), these themes proved capable of forming the basis for a large-scale work, the "Oratorio-Requiem" *Kursk*, which was premiered to great critical acclaim at Melbourne's Arcko Symphonic Project in October 2011. A fascinating short documentary on the making of *Kursk* can be found at http://vimeo.com/37096439, and a video of the entire performance at http://vimeo.com/channels/284823/36073473.

I once heard Marshal Tito's English translator quip that he frequently finished Tito's speeches before Tito did, having worked with him long enough to know exactly what was going to be said. Poetry translation, for better or worse, is not that easy. It is, in fact, the closest form of close reading and the most dialogic form of dialogue one can have with a text and with its author (although Anzhelina's English is not perfect, it is more than good enough to follow my translations, and she is not reticent about proposing "improvements" from time to time). I have been translating Anzhelina Polonskaya's work for more than a decade, and have found an idiom which I think conveys the essence of her poetry in English. Nevertheless, I discover something surprising in each poem and each translation is an adventure. It is my hope that the reader of this collection will both develop an appreciation for Anzhelina's overall esthetic and participate in the adventure that each poem offers.

Andrew Wachtel
Bishkek, Kyrgyzstan

корабль пауля клее

* * *

PAUL KLEE'S BOAT

Корабль Пауля Клее

Скоро зима и скоро
соловей с забинтованным горлом,
слива в цвету и белый
холм, нанесённый к двери.

Как Моцарт болезнь приходит,
за чёрный рояль садится
и трогает нотой голос.

Я вижу январь, блокаду,
ты чертишь большой на малом
корабль Пауля Клее.

Плывёт он глупец, не зная, —
волну не смахнуть с ресницы.

И хлопает ставень где-то.
И ты к чертежу склонился.
Как бог сочиняет Моцарт!
И мы на двоих — бездетны.

И вместе мы были вечность
как муж и жена, казалось.
Нас варвары жгли и греки,
и мы без конца бежали.

Paul Klee's Boat

Soon it will be winter and soon
a nightingale with a bandaged throat,
a plum tree in bloom, and a white
hill pushed up against the door.

Illness arrives like Mozart,
sits down at the black piano
and its voice touches with a single note.

I see January, a blockade,
you're sketching Paul Klee's boat,
big on petite.

It sails along, the fool, not knowing —
can't brush the wave from its eyelash.

Somewhere a shutter bangs shut,
and you bend toward the sketch.
Mozart creates like a god!
And the two of us, childless.

We'd be husband and wife,
together forever it seemed.
But burned by Greeks and barbarians
we fled, leaving no trace.

(...)

Кубизм Пикассо — прямоугольники
                                 Герники
как общая тенденция в искусстве —
теперь повсюду. Глаз прорастающий,
змеиный из скулы, неандерталов череп,
связка пальцев. Течёт сырая краска
на холсты (берём краплак и умбру)
и пишем пейзаж судьбы.
На облаке, в созвездиях Магеллановых,
далёкий мир справляет Рождество.
Возлюбленный, как выглядит добро?
Давай зажжём и мы свечу, пожалуй.
Чернеет ель, вернее то, что срублено.
Малыш, в игрушечном костюме барабанщика,
ударь в жестянку вечной мерзлоты!
Пусть сыплет серебро, и оживают
цари мышиные, зубастые щелкунчики.
Ты подрастёшь и станешь в их ряды.

(. . .)

Picasso's cubism — geometric
                  Guernicas
as a general tendency in art —
is everywhere now. A snakelike eye
growing from a cheekbone, Neanderthal brow,
bunch of fingers. Raw paint oozes
from the canvas (let's use scarlet and ochre)
and we'll draw the landscape of fate.
In the clouds, in the Magellan constellation
a distant world is celebrating Christmas.
My beloved, what does the good look like?
So let's also go and light a candle.
A pine tree darkens, probably one that's been felled.
You, in the drummer's play costume
bang the permafrost's metal skin!
Let the silver drift down and wake
the mouse kings and the toothy nutcrackers.
You'll grow up and join their ranks.

С картины Модильяни

И если двери настежь — он войдёт.
Увидит там и вещи, и посуду,
и тень твою
в неполный рост,
и всё, что с вами не произойдёт —
единственное, важное, по сути.

Не то же самое, о чём писалось в стол,
о чём
и помнить, и забыть не сладко,
что это было?
выстрел холостой,
а пуля, будто где-то под лопаткой.

Но ты уже не женщина-палач,
а чёрный глаз с картины Модильяни,
отпустим море за его корабль,
который обронил по ходу якорь,

как личное письмо с числом иль без
(не придавая частностям значенья),
мы станем жить в предчувствии, как лес,
пытая корнем землю отреченья.

From a Modigliani

And if the door's ajar — he'll enter.
He'll see things there, dishes,
and your foreshortened
shadow.
What won't happen to you
is all that matters in the end.

Not the same things written for the desk drawer,
equally unpleasant
to forget or to remember.
What was it?
A blank,
but the bullet entered around the shoulder blade.

Still you're no longer a female executioner
but a dark eye from a Modigliani painting.
Let the sea pass by his ship
which dropped anchor in passing

like a private letter with or without an address
(the details aren't important),
we'll start to live in presentiments, as in a forest,
afflicting the earth with the roots of abnegation.

Философия пустыни
(по мотивам картин Р. Магритта)

Я подолгу вглядываюсь в коричневые
сумерки над землёй. От шелеста лип
остались только жесты, да и те свалены
в груду на холме после полудня.

Ни огня, ни птицы, ни зверя — вокруг
только тёмные души камней.
Где мы? — Ты берешь в руку один из них.

Так, вероятно, может выглядеть рай
с его тягой к бесстрастности или ад
с его пейзажем. Но меня напугать
уже невозможно, и даже бредущая вдоль
обочины смерть мне попросту кажется
рослой крестьянкой с полей. Но ты ...
Ты хнычешь о возвращении к своему младенцу,
который вскоре бросит тебя, как ненужную вещь,
стареть в одиночестве комнат.

Ну что ж! Errare humanum est!

Когда бы ты не был настолько труслив,
я бы поведала тебе, что каждый
должен молиться о том, чтобы стать камнем.
Но не каждому дано вымолить вот так лежать
столетьями посреди коричневой мглы
без ненависти, без страдания, без любви.
А что до возвращения — то когда-нибудь
и эта пустыня покажется тебе желанной.
В ней ты останешься навеки молод.

Philosophy of the Desert
(After R. Magritte)

For a long time I've been gazing at the brown shadows
on the ground. Only gestures remain
of the rustling lindens, pushed
into a pile on a hill after noon.

No fire, bird, or beast —
only the dark souls of rocks.
Where are we? — You pick one up.

Heaven might well look like this,
in its dispassionate desire, or the landscape of hell,
perhaps. But I can no longer
be frightened, and even death, ambling along
the road's shoulder, just looks
like a big peasant woman coming back from the fields. But you . . .
You whine about returning home to your child
who will soon leave you to age in your lonely rooms
like some worthless thing.

Ah well, Errare humanum est!

If you weren't such a coward
I'd tell you that everyone
should pray to become a stone.
But not everyone wins the right to lie like that
for centuries in the brown fog
without hate, suffering, or love.
And as for returning — someday you'll
even find this desert desirable.
Here you will always be young.

Словно Давид

Может быть, это боязнь листьев в осенний день?
Пустыми глазницами победитель Давид ощупывает пространство;
он забыл, что давно превратился в камень, и бежать ему некуда.
Сырой горизонт, словно срез картофелины под ударом лопаты.
Завтра выпадет снег. Он изменит наши лица, прошив суровыми
            нитками морщин.
Белые козы зимы обступят наш сад, объедая кору с яблонь,
и заглянут в окна, где мы греем руки над тихим огнём герани.
Таковы здесь дни, словно капли в одиночной камере заключённого.
И мы неподвижные, словно Давид, двумя ногами вросли в эту землю.

Like David

Perhaps this is the fear of leaves on a fall day?
David the conqueror gropes the space through empty sockets;
he forgot that he turned to stone long ago and has nowhere to run.
The damp horizon looks like a potato sliced by a spade.
There'll be snow tomorrow. It will alter our faces, sewing solemn
              lines of wrinkles.
Winter's white goats will wander the orchard, stripping bark from
              the apple trees,
and they'll look into the windows where we warm our hands over
              a quiet geranium fire.
Such are the days here, like drops of water in a prisoner's solitary cell.
And we are immobile, like David, our legs planted deep in the ground.

Музей смертных грехов

Мы стояли по пояс в ледяной воде
собственного бесстрашия.
Был ноябрь, и ветер нёс хоругви мимо
наших вплетённых в зиму окон.
Я слышала, как хрипит умирающий конь
в моём сердце, и как напуганы птицы
выстрелом наугад.
Я провела почти четверть жизни
на твоём острове прокажённых
и теперь просила для себя той немногой свободы,
которой обладают бабочки или жуки.
Под Рождество ты наконец-то прислал мне
коробку, наполненную тишиной.
И я пошла и сдала её в музей смертных грехов.

The Museum of Mortal Sins

We stood up to our waists in the icy water
of our own fearlessness.
It was November and the wind whipped the banners
past our winter wound windows.
I listened to the hoarse breathing of a dying stallion
in my heart and to the birds,
spooked by a random shot.
I'd spent a quarter of a lifetime
on your leprous island
and now I was asking only for the freedom
of a butterfly or beetle.
Around Christmas you finally sent me
a box filled with silence.
I deposited it in the museum of mortal sins.

Фотоальбомы

Бесспорно, первое, что следует предать анафеме —
фотоальбомы: и девочку с мячом, и маму.
Скамейку, куст сирень сложить в костёр у дома.
И объявить, что солнце вне закона.
Позвать воров — пусть вынесут железные кровати,
где спали мы так долго и так прямо.
Затем срубить рябину у забора,
чтобы под ней не закопать собаку.
О пустоте нет повода заплакать.
И не имея прошлого в карманах,
жить, как трава, не спрашивая: кто ты.
Течь, как вода, не искушая память.

Photo Albums

No question, the first things to be cursed
are photo albums: a girl with a ball and mommy.
A bench, the lilac bush should all be cast onto a bonfire.
And the sun declared outside the law.
Call some thieves — let them make off with the iron bedsteads
where we slept long and straight.
Then cut down the rowan by the fence
so we can't bury the dog beneath it.
There's no call to cry over emptiness.
And without the past in your pockets,
live like the grass, not asking; who are you.
Flow like water, not tempting memory.

Времена года

Иногда мне кажется, что сливы в цвету.
Иногда — что зло непобедимо.
Что тень собаки лежит на снегу.

Я знаю, как все тополя одинаково женского рода,
когда их на спины кладут.

Что голос (за мной повторяй) единственный
невыносимее хора любого.
                    — Невыносимеехора.

Я помню, что в сад мне глядеться нельзя.
Что мы попрощаемся рано (молчи) или поздно.
Что тот и несчастней, кто не отпустил от себя.

The Seasons

Sometimes I think that the plums are in bloom.
Sometimes, that evil is invincible.
That a dog's shadow is cast on the snow.

I know that all poplars are equally female
when laid on their backs.

That a single voice (repeat after me) is
harder to take than any chorus.
                    — *Harderchorus.*

I remember that I shouldn't look into the garden.
That we will separate sooner (quiet) or later.
That the unluckiest people are those who can't let go.

Листья

На заплаканных тротуарах
листья палые
заблудились в ногах, как дети.
Разве сыщется листьям палым
мать под этим
осенним небом?
Верно, птица, однажды устав в полёте,
вверит тусклое им крыло —
покоряясь заветам ветхим.
Или я, говоря с тобою,
брошу взгляд нечаянный
в тихое тленье бора,
безразличнее,
чем безразличье Бога.
Листья прочь прогоняет ветер.

Leaves

Like children, the dry leaves
on the mournful sidewalks
tangle around our legs.
Could those fallen leaves
ever find their mother
under this autumn sky?
Perhaps a bird, tired of flying,
giving in to nature's ancient laws,
will entrust to them her dull wing.
Or, while speaking with you,
I will turn an accidental glance
toward that quiet arboreal rot,
more indifferent even
than God's indifference.
The wind blows the leaves away.

Яблоки

Серые ветви, удары глухие.
Это яблоки падают в конце ноября, и мы
подбираем их замороженными руками.

Мне показалось?

Или же ты, не отрывая глаз от земли,
что-то сказала?

Вроде бы так: «зло побеждает».
Тихо сказала.
Будто за нами тайга. Будто мы камни в подол собираем.

Apples

Gray branches, dull thuds.
Apples falling in late November, and we
gather them with frozen hands.

Am I wrong?

Or did you say something,
not tearing your eyes from the ground?

Something like "evil will triumph,"
you said quietly.
As if the tundra's beyond us. As if we're gathering stones in our skirts.

Декабрьский дивертисмент

1. Ты

Уже декабрь. В окне синеет хвоя.
Дорог пульсируют натянутые жилы.
В кровоподтёках солнца стынет воздух
зимой несовместимой с жизнью.

Обмякнув в рукопашной схватке,
снег расставляет переулкам сети,
и люди, вырастая из асфальта,
являют миру старческую седость.

Бессонница стоит в дверном проёме.
Скрежещет на рассвете клювом птица.
Багры теней, как свёртки в водоёме,
попутчиков выхватывают лица.

Но суета и заточенья зелье
с тобой не связывают больше эту землю.

2. Я

Чужая армиям, знамёнам, высшим судьям,
я здесь храню себя, под чёрною вуалью.
Из комнат всех, готовых выломать рассудок,
сильнее прочих ненавижу спальню.

С её изменами и приступами ночи,
с её уходами родных в тот сад безлюдный,
где падать вовсе не перед кем в ноги,

December Divertimento

1. You

December already. Blue firs in the window.
The roads' tense tendons pulsate.
Incompatible with life, the winter air
congeals in bleeding rays of sun.

Softened in hand-to-hand combat
the snow lays nets across the alleys,
and people, emerging from the asphalt
reveal their aging grayness to the world.

Insomnia stands in the doorjamb.
A bird's beak scrapes in the dawn light.
Violet shadows, like whirlpools in a reservoir,
clutch the faces of passersby.

But you're no longer tied to this world
neither by vanity nor the potion of captivity.

2. I

A stranger to armies, banners, supreme judges,
I endure under a dark veil.
Of all these rooms, ready to destroy my sanity,
I hate the bedroom most of all.

With its betrayals and spasms of the night,
with its departures of dear ones to the empty garden
where there's no one to kneel down before,

и нет проводников откуда.
На краткий миг сошедшие в столетье,
как берега, соединённые мостами,
сгораем не бесстрастно, но бесследно,
не успевая свыкнуться с чертами.

Наш циферблат, как пёс, служивший верой,
другим отсчитывает время мерно.

3. Они

За дверью ветра бубенец хрустальный.
Дней облетевших стелется позёмка.
Редея, ельник пилами картавит.
Вздыхают рыбой спящие озёра.

Ничто сквозит в обледеневшей раме,
страну свобод не разглядев на карте,
где безразличие овладевает лбами,
и из-за пазух только камни, камни . . .

Где лёд в глазу так нестерпимо тонок,
обманчив всею сумеречной гладью,
что в полночь катится звезда и тонет,
и со зрачка срывается на платье.

and whence there are no guides.
For an instant bleeding into centuries,
like banks joined by a bridge,
we burn up, not without passion but without a trace,
unable to get used to our features.

Our clock face, like a dog serving belief,
rhythmically counts out other people's hours.

3. They

Outside is the wind's crystal bell.
The frost of bygone days spreads out.
A saw rumbles, thinning the fir forest,
and the sleeping lakes sigh like fish.

Nothingness slices through the frozen window frames.
Having failed to find the land of freedom,
where indifference rules minds,
and a knife in the back, only a knife . . .

Icy eyes are impossibly fragile,
and their twilight surface is so treacherous
that the midnight shooting stars fall through
and drop from pupils onto robes.

Снег внутри

Но, если скажут когда-нибудь тебе,
что выпал снег . . .
На чёрных парапетах снег,
на тротуарах,
кричащих голосами арок, —
не верь.
Осенний лес, залитый кровью зверя,
и громыхание шагов (во сне ли?)
по выстланным дорожкам вен.
Под языком ношу я вкус твоей слюны —
невысказанности, не-
проникновенья.
Сто тысяч «не» безбожного огня,
и мы навек с тобой обречены.
Глаза в глаза —
ты им должна поверить:
снег не снаружи, но внутри меня.

Snow Within

But should anyone ever tell you that
snow has fallen . . .
Snow on the black battlements
on the sidewalks
screaming with the voices of arches —
don't believe it.
An autumn forest redolent with animal blood
and the pounding of feet (in a dream perhaps?)
on the flattened paths of veins.
The taste of your saliva on my tongue —
the unsaid, un-
penetrated.
A hundred thousand "no's" of faithless fire
and the two of us fated.
Eye to eye —
you must believe them:
it's not outside, the snow's within.

Снег
(Монолог)

Если бы жив был отец, я бы ему сказала:
«Повсюду снег. Так метёт папа, что места не сыскать
на мне живого. Устала. И никуда отсюда не поеду».
И знаете, что (предположим) он ответил мне?
«Дай, девочка, лопату? Не женское мести дорожки дело?»
О, нет. Вы плохо знали моего отца.
Он так сказал: «Спасенья не бывает в малом.
Я знал и, замерев, глядел, как снег идёт.
Погребены под ним проёмы окон, сосна,
что не спилили этим летом, и выемка у левого виска.
Поверь, отец твой делал всё, что мог —
я тер глаза, и вот, меня не стало».

Snow
(Monologue)

Were my father alive, I'd say to him:
"There's snow everywhere. It's drifting so high, papa, you can't find
a clear place on my body. I'm beat. And there's nowhere to go."
And do you know (let's suppose) how he'd answer?
"Give me the shovel, my girl? Clearing snow's not women's work?"
Oh, no. You didn't really know my father.
He said: "There's no salvation in little things.
I knew that and, calculating, I watched the snow fall.
The window frames and the pines that weren't cut down
in summer are all buried, and there's a hole in my left temple.
Believe me, your father did all he could —
I rubbed my eyes, then disappeared."

Отец

Снилось,

       отец, провожая до перекрёстка, сказал:
«всё, дальше пойдёшь сама.»
Его не пускали подростки.
Фонарь на углу освещал их смуглые лица в деталях.
Один тянул за рукав, другой —
по карманам искал документы и деньги.
О том, что он умер, не знали деревья,
и тот, что постарше — не знал.
Отец, натыкаясь на острое, падал и падал.
Но кровь не сочилась.

Father

I dreamed
        that my father, having walked me to the corner
said: "OK, from here you're on your own."
Some kids wouldn't let him go farther.
The streetlight revealed every nook of their swarthy faces.
One pulled at his sleeve, another
explored his pockets for IDs and money.
The trees did not know that he'd died,
and the oldest kid didn't know either.
My father just tripped over his blade, fell and kept falling.
But no blood oozed out.

Одна в комнате

Маме

Я в комнате.
Одна.
Остатки сна,
как мухи,
на липкие садятся веки.
Колодцы окон
плещут
холодным светом –
трилогия рассвета,
дня и ночи.
Ты мне сказала
«рано или поздно
на наши двери
тёмные замки навесит время.
Уйдём и мы
к иным
полуденным теням
и шорохам листвы.
Так матери уходят, но
остаются дети».
И по ночам, когда ветра
бессонные
слоняются по крыше,
ножом
я вырезаю правду эту.

Alone in My Room

To Mother

I'm in my room.
Alone.
Remnants of sleep
stick to my eyelids,
like flies.
Window wells
heave
with cold snow —
a trilogy of dawn,
day, and night.
You told me:
"sooner or later
time will hang black locks
on our doors.
We'll go
to other
midday shadows
and rustling leaves.
That's how mothers go, but
children remain."
And during the nights, when
insomniac winds
wander the roof,
I whittle that truth
with a knife.

Песочные часы

Положи мне руки на плечи —
                                        так
мы встретим ещё одну звезду.
Мы проводим ещё одну ночь,
                            добывая хлеб
для голодных глаз
на белом поле твоей груди,
на лунных склонах колен
собирая влагу для губ.
А когда
время придёт нас забрать —
                            разлучить нас, —
умолим его наши сердца
                            превратить
в этот мёртвый песок,
пересыпанный тысячи раз
из сосуда в сосуд.

Или . . . в мёртвого времени гул?

Hourglass

Put your hands on my shoulders —
        and
we'll greet one more star.
We'll spend one more night
        making a feast
for hungry eyes
on the white field of your chest,
gathering moisture for our lips
on the moonlit slopes of your knee.
And when
time comes to take us —
        to break us apart,
we'll pray
to turn our hearts into
the dead sand
that has poured thousands of times
from one side to the other.

Or . . . into the drone of dead time?

Рука на столе. И ночь на столе.

Рука на столе. И ночь на столе — её надрезаешь
как рыбу, глядящую вглубь синевы, сколь прочно бы мы
плавники ни связали.

Поскольку мне трапеза эта дана, я к ней приглашаю.

Из каждой прожилы взойдёшь, печальная роща моя,
из каждой пригубишь минуты
последняя тень бересклета — никто —,

никто, не муж, не жена — межа ножевая,
и ночь, и рука, склонённая слепо ко мне,
и жизнь, растворённая в ней, без конца и без края.

A Hand on the Table. And Night on the Table.

A hand on the table. And night on the table — you slice it open
like a fish which stares deep into blue waters, no matter how tightly
we bind its fins.

As this refectory table has been vouchsafed me, I invite you to it.

My sad grove, you rise out of every crack,
from each minute you sip
the last shadow of a hedge — no one —

no one, neither husband nor wife — a knife's edge,
and night and a hand bent gropingly toward me.
and life, dissolved in it, without border or end.

Мы идём

Не видно. Мы идём, разнявши руки,
как старики — ни жалости, ни ласки.
В одном пути уставши друг от друга,
уставившись в синеющую вязкость

декабрьских вечеров. Не замерзают реки,
и купола, как головы на шпагах,
воде и отражению не верят.
Ты слеп ко мне, как статуи богинь в садах и парках.

Луны бело, обнажено колено.
Теснее жмутся гречневые избы.
Звёзд сыплют драгоценные каменья, —
ты мне не кровь, не плоть, не избранный,

ты мне не то же, что кораблекрушенье
приносит к берегу мой миф клоком изодранным.
Ты не слеза, не ось, не женщина,
что родила меня, не ода мне.

Но мы идём, как ходят все — попарно,
разнявши руки, разомкнувши звенья.
Я — дней атласных наших память.
Я — ожидание звонка в твоей передней.

We Go

Nothing to be seen. We walk, hands at our sides,
like old folks — no pity, and no tenderness.
We go together, tired of each other,
mired in the bluing murk

of December evenings. The rivers won't freeze
and the domes, like heads on pikes,
believe in neither the water nor their reflections.
You're as blind to me as the statues of goddesses in the park.

The white of the moon's a naked knee.
The buckwheat houses huddle tight.
The precious stones of stars scatter, —
you're neither roof, nor flesh, nor chosen one,

you're not my myth thrown on shore
like a torn rag from a shipwreck.
You're neither tear, nor core, nor the woman
who bore me; not my ode.

But on we go, as others go — together,
hands at our sides, separate links.
I am the memory of our satin days.
I am the expectation of a ring at your door.

(…)

Он уехал в Ки-Вест, посмотреть
                на кошек Хемингуэя.
Это несправедливо.
Что он знает о кошках?
Что они по ночам проверяют домовые книги,
а с утра не прочнее,
                чем богемский хрусталь?
Чёрт возьми, их осколки
звенят,
и выходят из плоти подолгу.
Что он знает вообще о любви?

(...)

He went to Key West to look at
                    Hemingway's cats.
It's unfair.
What does he know about cats?
That at night they check over the account books,
and in the morning they're fragile
                    as crystal goblets?
Damn, their shards
ring,
remain a long time after they leave their bodies.
What does he really know about love?

С древесного языка

Букашка, шмель, стихающий в траве,
и виноградная лоза, и память.
Как с древа листья — люди опадают,
и вот, ночами палая листва
нам что-то шепчет, землю обнимая,
но мы древесного не знаем языка.

И, глядя в дым садового костра, нам мнится,
что помилованы жизнью вечной. Как детям —
с ними смерти не бывает.

From an Arboreal Language

A beetle, a honeybee humming in the grass,
a grape vine, and memory.
People drop away like leaves from a tree
and lo, leaves falling at night
whisper something to us, embracing the earth,
but we don't know that arboreal language.

And, looking at a bonfire's smoke, it seems
we've been vouchsafed eternal life. We're like children —
for whom death does not exist.

Matiz*

С заломленных веток осыпался полночи вереск,
из бездны газонов трепещут, как пальцы, цветы.
Мы порознь в море идём, кочует над мачтами ветер.
Мы порознь. Снегами вершин горит предрассветное ложе,
сегодня и море не то — спасаясь от нас,
волною уткнулось в разверстое раковин лоно.
Прощаться — в глазах неотступные чайки застыли,
царапают память крылом, и голос
надтреснут землёй Аравийской пустыни.
Успеешь ещё меня не узнать, не встретить у верфи,
и наши с тобой имена благородные люди
не выгнут подковою конской над дверью,
но горькие нивы вздохнут, стряхнувши с колосьев забвенье,
где наши прозрели сердца,
открывшись иным сновиденьям.

*Матиз (исп.) — нюанс

Matiz*

The northern heather rained down from the broken branches
while flowers, like fingers, swayed in the depths of the lawn.
We go to sea apart, the wind wanders the masts.
We are apart. The dawn bed of the heights gleams with snow,
something's wrong with the sea today — escaping from us in waves
it hides in the yawning maw of a seashell.
Saying goodbye — the ever-present seagulls freeze in our glance,
scoring our memory with their wings and their voices,
cracked like the Arabian desert.
You'll pass me by again, fail to meet me on the pier,
and well-bred people won't bend our names
like a horseshoe over the door frame,
but bitter furrows will sigh, shaking forgetfulness from the ears
where our hearts ripened,
having opened up to other dreams.

*Matiz (Spanish) — Nuance

Разлука

Но стены . . . Всякий раз я возвращаюсь к ним.
Разлука, словно смерть под мачтою во время шторма.
Темнеет. Головы лишённый нимб
луны неполной катится за штору.

Чем дальше, тем дорога всё страшней.
Пространство наши стережёт шаги, разбухнув мглою.
И та звезда всех сиротливей в ней,
что лист перевернёт на аналое.

Так, отворив однажды щеколду́,
прозрев, уходят, чтобы не вернуться, в горы,
глядят на лес в оконную слюду,
и тащат зверя к собственному горлу.

Separation

But those walls . . . I come back to them every time.
Separation, like death beneath the masts during a storm.
It grows dark. A three-quarter moon sails by the blinds
like a head without a halo.

The road grows more terrifying as it goes on.
Space, filled with fog, haunts our steps.
And a single star, more orphaned than the rest,
like a leaf upside down upon an altar.

Thus, having once opened the latch and understood
you go into the mountains never to return,
you look into the forest through the window pane
and lift the beast to your own throat.

Две птицы

Две птицы на песке сером, словно зола.
Спящая птица — та, что справа; перья её тусклы,
и забвение приготовило ей место в палой листве.
Ветер вырывает перо из её крыла, чтобы написать
невидимыми чернилами дождя Umbra*
по одну сторону, а по другую — Lumen,* там,
где вторая птица кричит над мёртвой, растворив жёлтый клюв.
Так и я, посылая тебе эту картину, всего лишь хочу сказать,
что могу быть двумя птицами сразу.

*Тень и Свет (лат.)

Two Birds

Two birds on the gray, ashy sand.
The sleeping bird is on the right; her feathers are dull
and oblivion has prepared a place for her in the fallen leaves.
The wind tears a feather from her wing, to write
in the rain's invisible ink the word Umbra
on one side and Lumen on the other, where
the second bird cries over the dead one, opening its yellow beak.
Sending you this picture, I only want to say
that I can be both birds at once.

Экспромт

Ты меня принимаешь за женщину,
но я всего лишь куст — дикий куст,
растущий вблизи дороги.
Обманчивы твои снега, дорогая,
не стряхнуть их с ветвей, не согреться.
Ночь шепчет раковине ушной о тебе.
О тебе.
Вызревших ягод полны ладони
тех, кто этой дорогой проходит мимо —
те ладони куста не вспомнят.
«Нет на свете крепости, что не сдастся», —
если мне не веришь — спроси солдата
у стены. У стены.

Ad Lib

You take me for a woman
but I am only a bush — a wild bush
growing by the road.
Your snows are deceptive, my dear —
I can't shake them from my branches, can't warm up.
The night whispers into my ear about you.
About you.
The palms of those who pass by here
are filled with ripe berries.
Those palms do not remember the bush.
"There's no fortress that can't be stormed,"
and if you don't believe me — ask the soldier
by the wall. By the wall.

В обмен на отвагу и силу

Ты лепил из меня воина, но забыл наградить
силою и отвагой.
Ты подарил мне две руки,
но связал их за спиною, и теперь
я вечный пленник твоих желаний.
Ты распустил мои косы
и чёрным цветом подвёл глаза,
но не успел шепнуть на ухо,
что я — женщина.
Ты научил меня языку и сделал
чужеземкой.
Посмотри, говорю я Тебе, что Ты натворил?
Ночи мои пожирают сами себя, словно пауки,
повинуясь
дикому танцу продолжения жизни,
дни мои — вечное ожидание
чьих-то шагов.
Я не смею любить, потому что не знаю,
кого именно следует мне любить.
Если я вижу царицу,
то вижу и её саркофаг,
если встречаю в пути ребёнка,
то представляю голое дерево
на краю оврага.
Я могу вырвать седину из своих волос,
но смогу ли я с такой же лёгкостью
просить Тебя забрать у меня всё,
в обмен на отвагу и силу?

In Exchange for Courage and Strength

You forged of me a warrior but forgot to bestow
strength and courage,
gave me two hands
but tied them behind my back, and now
I am the eternal prisoner of your desires.
You unbraided my hair
and colored my eyes black
but didn't manage to whisper
that I am a woman.
You taught me language and made me
a foreigner.
Look, I tell You, what have You done?
My nights eat themselves, like spiders
giving in to
the wild dance of life's continuity.
My days — eternal waiting
for someone's footsteps.
I don't dare to love for I don't know
whom exactly I should love.
Whenever I see the empress
I see her sarcophagus.
If a child should cross my path
I imagine a leafless tree
at the edge of a ravine.
I can easily rip the gray from my hair
but can I manage
to ask You to take away everything
in exchange for courage and strength?

Душа

Из камня в камень, как капля ртути, перетекает душа.
За это время мальчик, удящий рыбу, готов состариться и
умереть.
А я всё жду на острове Св. Елены.

Душа моя, во тьме сей поцелуй неведом.

Ты можешь, словно мальчик тот лежать сединами в песке,
зажав серебряные жабры в рукавах.
И камень сам падёт и пред тобою станет на колени.

Soul

The soul flows like drops of mercury from rock to rock.
In that time a boy, catching fish, can grow old and
die.
While I wait endlessly on St. Helena.

My soul, in this darkness a kiss is unknown.

Like that boy you can lie with your gray hair in the sand
squeezing your silver gills in your sleeves.
While the rock falls to its knees before you.

(...)

Я стала седой за короткую ночь, как пена на гребне волны.
Я слышу, как ходят по тонкой струне корабли, их белый оскал
плывёт предо мной.
Мне руки мешают с тобой говорить, мне руки бы эти,
как чёрные ленты, связать за спиной.
Когда бы ты знал, какой ослепительный холод внутри
(когда бы я знала, и траурных лент бы не приколола).
Истаял огарок — последнее, что могло темноту озарить.

(...)

During the short night I went gray as the foam on a wave's crest.
I listen to the ships on the thin wire, their white grimace
sails before me.
My hands prevent me from talking with you, I'd like
to tie them behind me like black ribbons.
If you only knew the blinding cold within me
(if I'd only known, I wouldn't have pinned on the crepe).
The candle stub's extinguished — the last ray of light.

Марина

Марине В.

Среди холмов, взятых на время взаймы,
мне приснилась Марина, какой я знала её почти
двадцать лет назад. Всё та же, с не поседевшими волосами,
она называла меня по имени — верный знак,
что мы больше никогда не увидимся —
в юности у нас не существовало имён.
«Куда ты идёшь по полу в резиновых сапогах» — кричала мать,
будто между нами не пролегло то чудовищное расставание,
после которого бывает нечего друг другу сказать.
Что же, я прощу Ире её лёгкое безумие.

Marina

To Marina B.

Amidst these borrowed hills,
I dreamed of Marina, as she was
twenty years ago. Just that way, without gray hair,
she was calling my name — a sure sign
we'll never meet again.
When we were young we had no names.
"What are you doing out there in rubber boots," her mother called,
as if there'd never been that incredible separation
after which we'd nothing to talk about.
Ah well, I forgive Ira her little craziness.

(...)

Как видишь, я больше не пишу тебе писем:
        «приезжай, забери меня».
Всё, что я бы хотела —
выучиться на семнадцатилетнего органиста.
Чтобы женщины плакали, а свечи — трепетали.
Но разница в возрасте не оставляет мне выбора.

(...)

As you can see, I no longer write you letters:
    "come rescue me."
All I want
is to learn from the seventeen-year-old organist.
To make women cry and candles flicker.
But our age difference leaves me no choice.

Четверть пятого

...нет ни печали, ни радости,
есть день, приумножающий твой труд.
Твоя любовь темна, словно чулан
дядюшки Сэма, в котором от страха
трясутся даже мыши.
В Лондоне тебя не ждут,
здесь — напротив, за каждым поворотом
притаились, держа кое-что наготове.
На часах четверть пятого утра.
Скоро начнётся: свиней повезут
на бойню, бутоны и стебли —
по цветочным рынкам, где полным полно
лепестков, раскрошенных под ногами.
А человеческую душу
заставят глазеть на всё это с высоты
её мнимой неприкосновенности.
Четверть пятого на часах.
Ты отворачиваешься к стене,
закрываешь глаза и умираешь.

Quarter to Five

... there's neither sadness nor joy,
just the day, multiplying your labor.
Your love is dark, like Uncle Sam's storeroom
where even the mice shake
with fear.
In London no one expects you,
here, by contrast, they've hidden
around every corner, readying something.
The clock shows quarter to five.
Soon it will begin: pigs led
to the slaughterhouse, flowers and stalks
to the flower market where many
petals are crushed beneath feet.
And the human soul is forced
to look down at all this, from the height
of its purported indifference.
Quarter to five.
You turn toward the wall,
close your eyes and die.

Серое и голубое

Сегодня ты снова пришла ко мне и попросила купить
тебе какую-то одежду. Мы выбрали голубое и серое,
но ты всё стояла, опустив голову, повторяя: «мне это не идёт,
не идёт». И я, вдруг, почувствовала, что и мои руки уже
в морщинах,
как я могла бы этими руками примирить тебя
с обыкновенным куском материи? Да, никак.
Есть много стыда на свете, но самый неизведанный, пожалуй,
стареть на глазах у собственных матерей.

Gray and Blue

Today you came again and asked me to buy
you some clothes. We chose something blue and gray,
but you kept standing there, head hanging, saying: "it won't do,
won't do." And, seeing that my hands too have become all
                    wrinkled,
I suddenly felt, how could these hands lead you to accept a
simple bolt of cloth? They just can't.
There's much shame in this world, but perhaps the least known
is to age before your mother's eyes.

Натюрморт с картофельным полем

Скажи, на то и есть война,
чтоб оставляла в комьях глины пряжки?
Картофельное поле спит. Во время сна
не угадать, кто в синюю ботву под утро ляжет.

Холодный год. Резиною сапог
пропахли тамбура, дыханьем, телом.
Кочует кораблями дальний порт,
и в толчее людской легко укрыться беглым.

Часы не ждут. Шагает циферблат
металлом стрелок, как в лагуне цапля.
Базары коробейником пестрят,
и месяц рубит папиросный дым, как сабля.

Дом, белорыбицей ныряющий в туман.
Не зажигаются огни в окне подолгу.
У кромки поля замер женский стан,
картофелины прячущий в подоле.

В свинцовом воздухе, где лёгким места нет —
лишь брякнет ржавою щеколдою калитка —
на миг лицо посмотрит ночи вслед
и спрячется в руках от горя липких.

Still Life with Potato Field

Tell me, why is there war
if not to leave buckles in lumps of clay?
The potato field sleeps. At night you can't guess
who'll be lying down in the blue leaves by morning.

A cold year. The train cars smell
of rubber boots, bodies, and exhalation.
A distant port wanders with ships
and in the crowd it's easy to pass as a refugee.

Time marches on. The clock face strides
with metal arrows, like a crane in the lagoon.
The bazaars are filled with traders,
while the moon's saber edge slashes the cigarette smoke.

The house is like a white fish diving into the mist.
It's been a long time since there was light in the window.
At the edge of the field a female figure freezes,
hiding potatoes in the folds of her skirt.

In the leaden air, where there's no place for lungs,
you hear only the clang of a gate's hasp.
For an instant the face looks out into the night,
then hides its grief behind sticky fingers.

Казнь

Мёртвая петля дождя, свисающая с неба.
Завтра, на рассвете, откроются двери твоей тюрьмы.
Ты соберёшь все рукописи, разбросанные по углам
твоей памяти, отмеряя неполных четыре шага.
Войдут два конвоира и подтолкнут тебя в спину — это
будут твои братья. Потом над тобою склонится пастырь и шепнёт
несколько слов, и ты признаешь в нём свою любовь. Останется
только друг, кто с ледяным сердцем выполнит сей приказ.
Стоя на площади как последнее слово ты выкрикнешь
несколько строк,
что сочиняла годами и раздашь тем, кому это действительно
нужно. А когда всё будет кончено, и твоя казнь окажется
ошибкой —
они обвинят друг друга в содеянном, чем казнят тебя дважды.

Execution

The rain's dead noose suspended from the sky.
At dawn tomorrow your prison doors will open.
You'll gather up the manuscripts scattered in the corners
of your memory, measuring off the three square yards.
Two guards will enter and shove you from behind — they
will be your brothers. A priest will lean over you and whisper
some words, and you will recognize your lover in him. There
                    will remain
just one friend, who will carry out the order with a heavy heart.
Standing on the square you'll cry out your last words, a couple
                    of lines
you've been composing for years, bestowed on those who really
                    need them.
And when the dust has cleared and your execution turns out
to have been an error they'll blame one another for it, thus
                    killing you twice.

Обыкновенная война

Обыкновенная война
явилась мне с тазами и вёдрами, с коричневым
грохотом на дороге.

Старуха, заварившая кашу
играть в партизанские игры, — деваться ей особо некуда,
как ни банально звучит, повсюду одни руины.

Очевидно, нас убивали и ещё очевидно,
я боялась, что сначала нас разлучат, как читала не раз у Мерля,*
а потому, от страха пыталась договориться с убийцами.

Чёрт возьми, что действительно это было?

*Роберт Мерль (1908–2004) — французский писатель

A Normal War

A normal war
showed up along the road, with its pots and pails,
its brown clanging.

The old lady brewed up quite a mess
and now she's got to play the partisan — there's nowhere to go,
only ruins around, banal as that sounds.

Clearly we were being killed, and even more clearly
I was afraid they would separate us first, as I read more than
once in Merle,*
And so in terror I tried to make a deal with the killers.

Hell, did this really happen?

*Robert Merle (1908–2004) — French novelist

[71]

Флавий

Всякий день возвращаюсь к тебе, мой Флавий.
Конь погиб, и толпа язычников бродит в мятежных мыслях.
Каждый раз, когда постель со мною делит нагая муза —
на одеждах своих вспоминаю твои лишь руки,
под звездой, трепещущей над Босфором.
С той поры ты стал полководцем, Флавий,
храбрый, мудрый Флавий, преданный муж царице.
По ночам я слышала стук каменьев —
так вокруг меня воздвигали глухую стену.
Неужели это были всё те же руки?

Flavia

Every day I return to you, my Flavia.
Your horse has died and a crowd of barbarians wanders in
my rebellious thoughts.
Every time my naked muse shares my bed
I remember your hands on my clothes
under the stars twinkling over the Bosphorus.
Then you became a general, Flavia,
brave and wise Flavia, the empress's loyal man.
In the nights I heard the banging of stones
as a wall was raised around me.
Could they really have been the same hands?

Вот и ушли солдаты

Вот и ушли солдаты, и никого не стало.
Здесь они ели, спали, здесь же плевали на пол,
ты трогаешь лоб и губы —
ни польских тебе, ни русских.

Странное воскресенье, словно рука без пульса,
хозяйка, куда нам деться?
мы жить собирались долго,
клянёмся таким-то хлебом, такой-то водой — клянёмся.

Ты подожди, у леса свои голубые дали,
солдаты ушли, но волки
наверняка остались.

Ты будешь как яркий полдень,
с воротом нараспашку,
а кто-то войдёт без боя, и ты ему всё расскажешь.

Ни крови и ни насилья, а не солжёшь, не сможешь,
солдаты стоят и смотрят —
они и не уходили.

So Now the Soldiers Have Gone

So now the soldiers have gone and no one's left.
They ate and drank here, here they spat on the floor,
while you touch my forehead and lips —
neither Polish nor Russian.

It's a strange Sunday, like a wrist without a pulse,
where should we go, dear landlady?
We'd intended to live for a long time,
offering some kind of bread, some kind of water — offering.

Wait a bit, the forests have their phthalic depths,
the soldiers are gone but the wolves
have certainly remained.

You'll be like a bright summer noon,
with an open collar,
someone will enter without a fight and you'll tell all.

No blood and no violence, but you won't lie, you can't,
the soldiers stand and watch —
they never left.

Путешествие в Византию

Какой год подряд мы плывём с тобой в Византию —
кто теперь вспомнит?
Нам выпало много тревожных дней, но много было хороших.
В трюмах матросы спали, разбросаны, как попало.
Сколько выпито было вина, быков, с тугим завитком на лбу,
съедено во время странствий.
Сколько было воды — я и по сей день ощущаю море
в своих карманах.
Иногда я глядела вдаль, солнце закрыв ладонью:
«Где этот чёртов город, что я тебе обещала? Где он?»
Иногда по три дня не отпирала двери.
«Брось», — шептал мне голос в часы неверья.
« Города не существует. Он плоть от плоти твоя фантазия».
Но другой голос, похоже, был прав по-своему:
« Никого не слушай и найдёшь то, что другой не сможет».
Так истекало время, а мы всё плыли, плыли,
не ведая, движемся ли вперёд или стоим на месте.
Но, однажды ты сказал мне: «Я так устал. От жизни
я просил не мостика капитана, не властной руки стихии».
Что я могла на это тебе ответить?
«Византия где-нибудь, да существует,
пусть в руинах, пусть — в твоём последнем слове,
что ты оставляешь на чистом листе бумаги, не задув свечи,
наедине с собою».
Но, я тоже устала, я молча считала волны.
Сколько было воды — я и по сей день ощущаю море
в своих карманах.

Journey to Byzantium

Who still remembers
how many years we've been journeying to Byzantium —
We've had a lot of tough days, but also many good ones.
The sailors slept in the holds, scattered about.
How much wine was drunk, steers, thick hair stretched
across their foreheads,
eaten during our wanderings.
How much water there was — I can still feel the sea
in my pockets.
Sometimes I looked out into the distance, shading the sun
with my hand:
"Where is that damned city I promised you? Where is it?"
Sometimes I didn't open my door for three whole days.
"Forget it," whispered a voice in my times of doubt.
"The city doesn't exist. It's merely the fruit of your fantasy."
But another voice, evidently, was correct in its own way:
"Don't listen to anyone and you'll find what no one else can."
And so the time passed and we kept sailing and sailing,
not knowing whether we were going forward or sitting in place.
One day you said: "I'm so exhausted. I never asked life
for the captain's bridge or control over the elements."
What could I say to you?
"Byzantium's out there somewhere, it really exists,
even if in ruins, even if it's in the last word
you leave on a clean piece of paper, having not blown out
the candles,
alone with your thoughts."
But I was also exhausted, I silently counted the waves.
How much water there was — I can still feel the sea
in my pockets.

Возможен шторм

Возможен шторм, и братья не вернутся.
Тогда один другому говорит: «я не надену чистого, и в церковь
я, брат, сегодня ни ногой, а лучше поведу жену чужую,
с тёмной брошью, помнишь?»
Как не помнить!

Тогда над ним склоняется другой:
«Ты, брат, подумай, тебе чужая – будет мне родной,
надень-ка лучше блузу, сходи к священнику, спроси, как
                          дальше жить,
и правда ли, что землю забываем, на самом деле небо отворив?
А выйдет шторм — не выйдет, неизвестно, но дело сделаешь
                          полезное,
и мне не надо будет браться за топор».
На том и кончили.
А тихая жена всё брошь с груди зачем-то не снимает.

Chance of a Gale

Chance of a gale and the crew might not return.
So one guy tells his pal: "I ain't puttin' on my best,
and I ain't goin' to church neither, buddy. I'm gonna
hit on the gal, the one with the dark brooch, remember?"
How could he forget!

But his pal leans toward him:
"Listen up, man, someone else's gal to you,
but she's one of my crew, so better put on a shirt
and go ask the priest how to live
and whether we really forget the earth when we force
                    heaven's gates.
Gale or no gale, you'll do a good deed, and I
won't have to grab my hatchet."
That's where the talk ended.
But for some reason the quiet woman still doesn't take
                    off the brooch.

Волна

(Таиланд, Пхукет, январь 2005)

1.

Жёлтый цветок Азии на моих коленях.
Небо разглядывает меня зрачками созвездий — нас
разделяют миллиарды световых лет, и возможно
звезда, на которую я теперь гляжу до слёз,
не существует в помине, впрочем,
как не существую и я для неё.
Ветер плутает в лабиринте волос, и волна,
словно джинн, дремлет в пустом кувшине раковины —
тёмная жила времени пульсирует на её виске.
Вчера один исландский фотограф
показал мне мёртвого мальчика с островов.
Из глаз его вылетали птицы, и губы
набухли клубком морских червей, словно
нераскрывшийся бутон цветка.
Мир скоро позабудет тебя — вырванный бок газеты
обернёт собой очередную голову деревянного Будды.
А вечером мы будем пить вино на террасе,
и невидимая рука с белого пирса бросит монету в волну,
чтобы сюда возвратиться.

The Wave

(*Thailand, Phuket, January 2005*)

1.

The yellow flower of Asia on my lap.
The sky looks me over through the eyes of constellations — we
are separated by a billion light years, and it may be
that the star I'm staring at until my eyes pop
no longer exists, just as I don't exist
for it.
The wind is tangled in a labyrinth of hair and a wave,
like a Djinn, is dozing in an empty seashell,
the dark sinew of time pulsing in its temple.
Yesterday an Icelandic photographer
showed me a dead boy from the islands.
Birds flew from his eye sockets and his lips
were swollen like sea snakes, like
an unopened flower bud.
The world will forget him soon — the ripped side of a newspaper
will wrap up the head of one more wooden Buddha.
In the evening we'll drink wine on the terrace,
and from the white pier an invisible hand will throw a coin
                        into the water
in hopes of coming back again.

2.

Рождество. Острова, исповедующие религию воды.
Ночь темнеет в моих объятиях, и ресницы пальм
трепещут за створкой окна. Где-то там, в океане
притаился зверёныш волны — ветер вскоре
печальную славу прибьёт к побережью.
Наши судьбы, как тонкие нити, в этом воздухе,
взвинченном птичьим крылом.

Как странно мгновенье!
Меж жизнью и смертью — мгновенье.
Меж нами — мгновенье.
Но платья ещё светлы, и свечи ещё легки.
Что мы для свечи? Две тени.
                                     Две тени.

3.

Я вижу, как звёзды ищут тебя среди скал,
и как ты лежишь, раскинув руки в лунной воде,
словно гигантская бабочка,
и в мертвых твоих глазах круженье рыб.
«Страшная правда жизни в её бесконечности», —
пишу я на клочке бумаги, слушая Армстронга —
копию в отсутствии оригинала.

Так остывает песок, и тень покидает огонь свечи,
и твои часы на чужой руке свой продолжают ход.
И голос, покинув земную орбиту, звучит
«What a wonderful world».

2.

Christmas. Islands professing the faith of water.
The night deepens in my embrace and the palms' lashes
flutter beyond the blinds. Somewhere out to sea
a watery monster's hiding — soon the wind will whip
its dolorous glory to the shore.
Our fates are like frail threads in the air,
wafted up by an avian wing.

What a curious moment!
between life and death, a moment
between us, a moment.
But our clothes are bright and the candles light.
What are we to the candles? Two shades.
                                        Two shades.

3.

I watch the stars search for you amidst the cliffs
and you lie there arms akimbo in the moonlit water
like some gigantic butterfly,
while fish circle in your dead eyes.
"The terrible truth about life is its eternity,"
I write on a piece of paper, listening to Satchmo —
a copy in lieu of the original.

The sand cools off and a shadow quits the candle's flame
while your watch keeps ticking on another's wrist.
And a voice that has left the globe's orbit sings
"What a wonderful world."

Греческий дневник

Твоя поэма

Бог знает, из какой глубины веков
я смотрела в твои глаза,
полные катастроф и кораблекрушений.
Чайка кричала всю ночь о том,
что выпадет слишком много снега
для нас двоих.
И я положила руки тебе на лицо
и прикоснулась ко всему,
что принадлежало воде и деревьям,
хрипам потерявшей рассудок женщины
и мертвецам будущего,
стенающим в клети моего тела.
Я жила в своем монастыре,
словно послушница, забывшая стыд.
Было так нелегко видеть себя полководцем
с деревянным мечом и забралом,
открытым навстречу миру,
летящему в неизбежность.
Войско моё лежало поверженное,
будто огромный слон,
загнанный в ловушку своим мучителем,
луна терпеливо перевязывала раны каждому,
кто выстоял в этой войне.
Крошился камень сухой и белый —
камень моего сердца. Так
я проиграла моё сражение.
И тогда я уснула подле тебя,
чтобы не просыпаться.

[84]

Greek Diary

Your Poem

From what eternal depths I gazed into your eyes,
filled with catastrophes and shipwrecks,
only God knows.
All night long a gull squawked that
too much snow would fall
for us.
And I placed my hands on your face
and touched everything
that belonged to the water and trees,
to the hoarse cries of insane women
and to the future dead
groaning in my body's cells.
I lived in my own nunnery
like a novitiate, having forgotten all shame.
It was hard to see myself as a general
with a wooden sword and a helm
wide open to a world
flying off into inevitability.
My army lay defeated,
like an enormous elephant
herded into a trap by its torturer.
The moon patiently dressed the wounds
of everyone who'd survived the war.
The dry white stone crumbled,
the stone of my heart. Thus
I lost my battle.
And then I fell asleep beside you,
to avoid waking up.

Отрывок

Синий ветер уносит наши слова в даль —
в омут запекшихся губ
имя вложи. Имя мое как дань
миру, что прост и груб.

Не снимая и на ночь своих вериг,
не провожай, не жди.
Воет прибой, как пёс, что ко всему привык,
и не знает, куда идти.

Excerpt

The blue wind carries our words into the distance —
put my name into the whirlpool of cracked lips.
My name like tribute
to a simple and coarse world.

Don't take your hair shirt off at night —
don't follow me, don't wait.
The rising tide howls like a hound inured to everything
and knows not where to go.

Монета

Ты потерял меня, как монету, —
обронил где-то в чреде
злоключений и обыденностей.
И вот я лежу на круглых камнях мостовой,
и зимнее солнце сочувствует мне,
словно у меня нет ни страны, ни дома.
Я не помню, который теперь день и год —
у монеты не должно быть памяти.
Все, что ей нужно сейчас — это
не слишком блестеть, чтобы не разменяли
на ещё более мелкую.
Цветочный рынок на площади открывается
ровно в шесть, и какой-то месье
нагнётся к ней, чтобы поднять,
и воскликнет:
«Merde!»,
отшвыривая носком ботинка
в самый угол, где царят плесень и паутина.
Что ж, возможно, судьба сберегла её для тебя
на чёрный день?

Coin

You lost me like a coin,
dropped somewhere in the midst
of the evil and the everyday.
And so I lie on the round cobbles of the street,
homeless and without a country,
and the winter sun pities me.
I don't remember the date or year —
a coin is without memory.
All it can do now
is try not to shine too much, otherwise it
will be swapped for even smaller change.
The flower market on the square opens
at six on the dot, and when some gentleman
bends down to pick it up
he says:
"Merde!"
kicking it off into a moldy, cobwebby corner
with the toe of his boot.
Could it be that fate is saving up that coin for you
for a rainy day?

Из греческой философии

Хозяин одной греческой таверны —
Янис Леонос
сказал мне однажды две вещи:
«очень скверно, что ты не веришь в Бога»
и
«самая прекрасная женщина мира — это море».
И он был абсолютно прав.
Но, разве можно таким путём прийти к Богу,
непрестанно желая чужую жену,
особенно если встречаешь её
по престольным праздникам и воскресеньям?
Янис, Янис,
Придётся, видимо, вынести и этот удар,
когда в день Страшного Суда,
тебя призовут в мои свидетели.

Greek Philosophy

Ianis Leonis,
the owner of a Greek taverna
told me two things:
"It's bad that you don't believe in God"
and
"the most beautiful woman in the world is the sea."
And he was completely correct.
But is it really possible to find God like this,
endlessly desiring another woman
especially when you see her
only on the saints days and on Sundays?
Ianis, Ianis,
I'm afraid that you'll have to take the fall
when you're called as my witness
on Judgment Day.

Рождество на острове кошек

На этом острове нет никого,
кто бы окликнул меня по имени.
Вместо лиц
я натыкаюсь на кошачьи морды,
и у каждой своя гримаса.
Одна из них предлагает мне
столовое серебро, и я делаю вид,
что баснословно богата.
Дождь, словно портье за дверью,
он принес телеграмму.
«Мы одиноки» — говорится в ней.
Ни отправителя, ни адресата.
Откуда ему известно, что эти слова
должны упасть именно в мою чашу?
«Я выбрал бы кошек, но кошки
не ведают языка».
Да, я могу представить себя
любой географией,
но только не картой их душ.
Всё, словно в царстве мертвых:
ель в ватном снегу,
витрины полны деревянных
апостольских взглядов в ночь
с двадцать четвертого на двадцать пятое.

Christmas Day on the Island of Cats

On this island
no one would call me by name.
Instead of human faces
I come across those of cats,
each with its own grimace.
One offers
me silver spoons and I pretend
to be incredibly rich.
Rain, like a porter outside the door,
he brings a telegram:
"We are lonely," it says.
No sender, no recipient listed.
How did he know that those words
belonged precisely to me?
"I would have chosen cats, but cats
don't have language."
Yes, I can imagine
any geography
but not the map of their souls.
Everything, as in the kingdom of death:
a pine tree in cottony snow,
windows filled with wooden
apostolic glances on the night
of the twenty fourth.

* * *

Ветер волны уносит на черный мол,
пережить бы стонам и этот шторм.
Стоны под ноги неизбежности, словно собаке кость.
        Не-из-беж-ность,
что стоит у ворот, точно Троянский Конь.

Только выйдешь на свет — окажешься в темноте,
натыкаясь на двери, и все не те.
Если лестница с неба — ладони обожжены.
И в разлуке есть привкус твоей слюны.

Так над морем, что грудь разбивает в кровь,
дням-сиротам нашелся и стол, и кров.
Пусть решает время, как далее с ними быть,
время, что нельзя поймать и нельзя убить.

* * *

The wind washes waves onto a black jetty,
perhaps our groans will get us through this storm.
Groans under the feet of the inevitable, like a dog's bone.
      the in-ev-it-able
that stands at the gates like the Trojan Horse.

You go out into the light — and find darkness,
bang up against the doors, and they're the wrong ones.
If there's a ladder to heaven it burns your palms.
And separation tastes like your saliva.

So it is over the sea that bloodies your chest —
the orphan days find roofs and chests.
Let time decide how things will unfold,
time that cannot be captured or killed.

(...)

Поздно уже, и постовой устал.
Вдруг тишину разорвал металл
голоса — мол, пора,
возвращаться в страну злата и серебра.

И повели меня сквозь ряды —
каждый мог плюнуть или подать воды
той чужеземке, беглянке той,
чьей была виселица с золотой петлей.

(. . .)

It's late, and the sentry's beat.
Suddenly the silence is rent by a metallic
voice — alright, it's time
to return to the land of silver and gold.

And they made me walk the gauntlet —
Everyone could spit on or give water to
that foreign girl, that refugee
whose gibbet was fitted with a golden noose.

Далматинский цикл

Мой гость — мой разговор ночной

Мой гость, мой разговор ночной
о чём угодно, только не о главном,
я принимаю ослепительный террор
как путь к бесправью.

В бесправье голод слышится ясней,
ещё отчётливее плач звучат и голос,
смотри туда, где нас отныне нет —
на город.

Да будет красота его колонн,
во взятом наскоро тобой аккорде,
как голубая музыка без нот,
как нерв на взводе.

Всё кончится. И ласточки пройдут,
вернутся в стены, стены и бойницы,
когда-нибудь, как жажде акведук,
мы им приснимся.

Не так, не порознь, не вскользь,
как в этой драме,
где кость не переломят, не убьют,
не ранят.

Dalmatian Cycle

My visitor — my nighttime conversation

My visitor — my nighttime conversation
about anything except what's most important.
I accept blinding terror,
the road to lawlessness.

Lawlessness lets hunger sound more clearly,
wails and voices ring out more distinctly,
look there, at the city
we'll never visit again.

Let the beauty of its columns
remain in the careless chord you struck,
like blues without a score
or a jangling synapse.

Everything comes to an end. Even the swallows will pass,
they'll go into the walls, the walls and the embrasures.
They'll dream of us betimes,
as thirst dreams of an aqueduct.

Not in dribs and drabs, not skimming the surface,
like in this play
where no bones are broken, and no one's killed
or wounded.

Снегири

Если закроешь дверь — от тишины внутри
всех черепичных крыш вспыхивают снегири.

Вот и нависла клеть или такой недуг,
что снегири мои по одному уйдут.

Будет и отчий дом как лоскуток в огне,
вырос твой сын жесток, ты одинок вдвойне.

В этой войне и в той, как не сойти с ума?
знай, что твоя любовь — это твоя тюрьма.

Я возвращусь из стен, в стены страшней войду,
здесь ремесло моё не почитай за труд,

что же, я стану тем, чем вы меня нашли:
камнем, что глух и слеп равно — вблизи ль, вдали.

Bullfinches

If you close the door — bullfinches pop out
of the silence trapped within the tiled roofs.

And here I've hung a cage or such languor
that my bullfinches are leaving one by one.

Your father's house will be like a rag in a fire,
you're doubly alone, now your son's grown up cruel.

How can you stay sane in this war or that?
Know — your love is your prison.

I'll come off the walls and enter more terrifying walls,
don't consider my craft a labor here.

So I'll end up the way you found me:
like a stone, blind and deaf — nearby or far away.

Неумолимо

Медленно падаешь навзничь, на спину —
ты никого не спасла, никого не убила,
что же так хочется жить, проклиная рябину,
неумолимо?

Это ли трусость? — Нет, это сладкая плоть,
коли пришла, то своё непременно возьмёт,
вижу я твой в темноте обострившийся рот
и не покину.

Станем гореть мы, пока не сгорим в небесах,
тихий палач навсегда притаился в глазах,
пусть и у нас на двоих будет плакать дитя —
очевидность.

Implacable

Slowly you fall flat on your back —
you saved no one, killed no one,
so why this desire to live, cursing implacably
the rowan tree?

Is this cowardice? No, it's sweet flesh
that will certainly take what's coming if it arrives,
I see your pursed lips in the darkness
and won't abandon you.

We'll start to burn until we're consumed in the heavens,
a quiet executioner's hidden forever in our eyes —
let a single child cry for us —
the obvious.

Никогда

Никогда
ничего не случится —
так бесславно, безумно
можно верить
только в воду и хлеб.

Прислонишься,
как сердечник в одышке к стене,
словно птица в чужой стороне –
к облакам,
у которых
оправдания нет.

Это длинная ночь.
Это валится стеблем рука.
Мир уходит
от простого извне сквозняка,
ты хотела мне что-то сказать? —
говори.

Никогда.
Никогда не всмотреться в тебя,
даже если
бежать за вагоном,
не надев голубого платка.

Потому ли, что зыбко,
потому ли, что правда — ничья,

Never

Never
will anything happen —
you can only believe
so ingloriously and insanely
in bread and water.

You bend
toward a wall like an angina victim,
like a bird in foreign climes
toward the clouds
where
there's no exculpation.

This long night.
That arm bending like a flower stem.
The world runs away
from a simple inside out draft.
Was there something you wanted to tell me? —
say it.

Never
I'll never see enough of you
even if
I run alongside the train
without donning my blue scarf.

Perhaps because everything's mutable
perhaps because the truth belongs to no one,

как вода из ручья,
как нетронутый хлеб, поскольку его
было некому есть —

всё останется так. Всё как есть.

like spring water,
like bread untouched because
there's no one to eat it —

everything will remain like this. As it is.

На выдох и вдох

И смола на доске, и тяжёлая ветвь
станут частью тебя, не руби — пожалей.
Всё напрасно. Глядишь, как цыганка — в ладонь
и не знаешь, где дом твой, где в яблоках конь.

Что к себе примеряла, на выдох и вдох,
оказалось — чужое, оказалось не то,
а в твоих каравеллах и дивных шелках
плыли все, кто о чуде вообще не слыхал.

Будет берег, как берег, чтобы с трапа сойти,
и к ногам ляжет улочка после шести,
будет солнце садиться — всходить за горой,
да не с тем неизбежно, не с тем и не с той.

Exhale and Inhale

Both tar on a board and a heavy bough
will become part of you, don't chop — have pity.
It's all in vain. You stare, like a gypsy reading coffee grounds,
can't find the dappled horse, don't know where your home's to be found.

What you took to your measure, between exhaling and inhaling
turned out to be alien, turned out all wrong
while everyone who'd never heard of miracles
sailed off in your caravels and wonderful silks.

There'll be a shore, a shore to let you off the gangplank
and a little street will lie down at your feet after six,
The sun will set and rise behind the mountains
but you'll be without the one you want.

Верлибры

I. Будто дерево

Эта земля сжимает меня,
точно кольцо древесины.

Чем дальше, тем теснее сдавливает
обруч ненависти.

По ночам я задыхаюсь от страха — у дерева
немного прав передвижения в пространстве.

Днями шевелю кроной.

Прилетают дятлы красноголовые
и голубые синицы (голубое, видишь ли, цвет потери)

им всё равно, на каком языке
клевать ягоды и стучать по стволу.

К богу и любовнику обращаться бессмысленно,
они и сами крепко-накрепко приколочены.

Скоро я превращусь в каплю
и упаду.

Free Verses

I. Like a Tree

This land squeezes me
like a tree ring.

The farther I go, the more a band of hate
constricts me.

At night fear suffocates me — a tree
doesn't have much right to move about.

During the day I wave my crown.

Red-headed woodpeckers fly to me
and azure bluebirds (azure, you see, is the color of loss)

They don't care what language they use
to peck at berries or bang on my trunk.

There's no sense calling to god or a lover
they're too closely bound up themselves.

Soon I'll turn into a drop
and I'll fall.

II. Верлибры

Я устала быть женщиной,
думать о белизне: не примешана ли к ней
капля крови?

Удлинять глаза и слушать
о предназначении материнства.

Цепь унижений позвякивает на лодыжке, чтобы не убежала,
прервав тем самым человечий эксперимент.

Всё же эдемские яблоки отдают евгеникой.
А я вот сопротивляюсь, пишу верлибры.

II. Free Verses

I'm tired of being a woman,
of thinking about pure whiteness: is there not a single
drop of blood mixed into it?

Of averting my eyes and hearing
about my maternal instinct.

The chain of humiliation clanks against my ankles, no escape
to break off the human experiment.

Eugenics wafts from Edenic apples, after all.
But I resist, I write free verse.

III. Муха

В зацветающих сумерках муха бьётся о стекло,
точно металлическая стружка.
Крошечное сердце (если оно у неё есть) полно сил
и глядит в остывающий сад — окна имеют привычку лгать.
Проходят день и ночь, день и ночь, и усилия её
становятся слишком малы. Тебе стоит только
приоткрыть створку, но голова налита бессонницей.
Время течёт, словно вода под садовый куст — вы уже оба стары,
и муха больше не висит над миром осенней звездой.

III. The Fly

As day blossoms a fly bangs against the glass
like an iron filing.
Its tiny heart (if it has one) is full of strength
and it looks out into the cool garden — windows tend to lie.
A day and a night pass, a day and a night, and its efforts
become too weak. You just need
to open the blind but your head is filled with insomnia.
Time flows like water under a bush — you are both old,
and the fly no longer hovers over the world like an autumn star.

IV. Пустота

Она уже не та — подруга твоей юности,
рассказывает о страданиях детей. Ты слушаешь её,
не перебивая, хотя и не делаешь никаких различий
между взрослыми и детьми. Страдания и смерть должны быть
уравновешены, как на весах рыночной торговки.
Любовь твоя похожа на обрезок трубы, в которой
жглись дары, но и костры потухли.

IV. Emptiness

She's different now — your oldest friend,
going on about the suffering of children. You listen
without interrupting, although you make no distinction
between adults and children. Suffering and death should
be balanced, like the scales at the market.
Your love is like a scrap of pipe in which
offerings were burned, but the fire's gone out.

V. Ненастоящее

Вокруг меня всё будто ненастоящее: дом, хлеб,
трава, даже цветы, выращенные моей матерью.
Кто засвидетельствует, что я вообще живу?
Я знала одного старика — он тасовал явь, как игральные карты.
Вот мглисто поёт кофейник, а вот ласточка в проводах
надорванная, точно мембрана. Циферблаты наощупь бессмертны.
На исходе дня он настраивал свой приёмник на волну
между тем светом и этим. Голос жены ему говорил:
«Будь осторожен». И он отвечал: «Всё хорошо, Анна».

V. Unreality

Everything around me seems unreal: my house, bread,
the grass, even the flowers my mother grows.
Who can guarantee that I'm even alive?
Once I knew an old man who shuffled reality like a deck of cards.
Here a coffee pot sings mistily, and there a swallow strains against
the wires, like a membrane. Clockfaces are immortal to the touch.
Toward the end of the day he'd tune his radio to the frequency
between this world and that. His wife's voice would say:
"Be careful." and he'd answer: "Everything's fine, Anna."

VI. Дом

Есть у меня дом нежный, красивый,
и сад с лилейником.
Весной они сверкают, как розовые раковины, а зимой —
зимой все мы ощущаем смертельную усталость,
глубокую трещину у рта и запах старения от рук.
Так жили прадед и дед. Рубили худую яблоню, когда нужно,
уходили в песок со временем. Немного лжи и чуть больше страха,
но никакого изгнания. И только со мной приключилась беда —
мой дом повис над обрывом.

VI. My House

I have a tender, beautiful house
and a garden with a lily bed.
In the spring they shine like rosy shells, and in the winter —
in the winter we all sense hopeless exhaustion
a deep crack in the mouth and the odor of aging in our hands.
That's how my ancestors lived. Cut down the thin apple trees as needed,
and eventually ended up in the dust. A few lies and a little more fear
but no exile. It's only to me that something terrible happened —
my house hung over a precipice.

КУРСК: ОРАТОРИЯ РЕКВИЕМ

KURSK: AN ORATORIO REQUIEM

1.

Хор

Холод казарменный, в небе закаты давно глухарями стали.
Серая скорбь шинелей, будто врастает в спины.
Жёсткие бороды лиц молодых не старят.
Голые пальцы наши в рыхлом снегу не стынут.

В путь провожает луна, как глаз в поволоке смертной.
В море спускают венки, встревожив солёный глянец.
Памяти нашей залпы, слёзы подружек верных.
Время рукой кощунственно щёк очернит румянец.

Сгладит со лбов морщины бурая глина пашни.
Наши мятежные души попробуют втиснуть в бронзу.
Ночи окрасятся в цвет пролитой крови нашей.
Жаль, что сухие колодцы не воскрешают солнца.

Всем остальным богам мы предпочли Морфея.
Строем шагнём в столетья, грудью расплющив пули.
Кто мы? Войной у жизни добытые трофеи.
Только нас больше нет и никогда не будет.

1.

Chorus

Barrack-room cold, and sunsets have long turned to ptarmigans.
Overcoat sadness, gray, seemingly glued to our backs.
Rough stubble beards can't make our young faces mature.
Gravelly snow doesn't cool bare fingers down.

Moonlight behind us like an eye in death's shroud.
Breaking the salty sheen, crowns plunge into the sea.
Volleys of memory, like the tears of faithful girls.
Time's hand blasphemously blackens ruddy cheeks.

Russet clay fields will caress our lined foreheads.
Our rebellious souls will be fixed in bronze.
Nights will be tinged with our spilled blood.
Pity that dry wells can't resurrect the sun.

Of all the gods, Morpheus was our favorite.
Chests having flattened bullets, we march in formation into
                        the future.
Who are we? Trophies taken by war from life.
But we're no longer here, nor will we be back.

2.

Матрос

Светает. Огни погасли
корабля бескрайнего Вселенной,
испиты чаши все до дна,
и обезглавлены тираны —
на месте лобном
трилистник следа птичьего
и пелена тумана.

Изорваны страницы книг,
и полчища повержены
теней на стенах.
Лучом последним
играет лунное дитя на белых
холмах твоих коленей,
и тает луч, упавши в изгиб локтя.

Проснулись очи печальные,
глядят и видят бездну
души
как части той Вселенной,
прибитой ветром на берег,
и видят, как звезда во мгле дрожит
и провожает мачты корабля.

2.

Sailor

Dawn. The lights of the infinite
ship of the Universe have gone out,
the cups are drunk to the dregs
and the tyrants all beheaded —
on the executioner's block
a trident of bird traces
and a blanket of fog.

The pages are shredded
and on the walls
a horde of shadows.
With its last beams
the moon's child plays on the white
hills of your knees
and a beam melts in your elbow's bend.

Doleful eyes wake,
they look and see the abyss
of the soul,
like the flotsam of that Universe,
blown ashore,
and a star that blinks in the murk,
following the ship's masts.

3.

Хор

Хрящи настороженных гор цепными собаками охраняют бухту,
холод ещё прячет облик свой под нежно-розовый веер,
но солнце уже ничего не может поделать, скрывается, закусив губы;
в зале звенят пузатые кружки, ударяясь боками, и ветер, ветер ...

Матрос

Внутри из-за кирзовых, конечно, его не слышно;
песня — в дыму кудрявом танцуют волосы, гребни;
звёзды глазеют в окна, свешиваясь словно дети с крыши;
платья, манжеты, нашивки, на платьях с шипами стебли.

Стебли в стеклянных вазах, испарина под бровями;
взгляды — клинки кинжалов; по полу разлито, душно;
дорога, которой завтра ... вымощенная камнями,
деревьев кряжистых крючья, пришпиленные к дороге души.

Хор

Ходячие вперёд кадыки, глотающие жгучий, крепкий;
вдали от кривых окопов, в комьях землицы жирной,
как будто бы одичавшему внезапно разверзли клетку,
ласкали и накормили из тёплых ладоней жизнью,

Матрос

вдали от снаряда свиста, протяжного осколками хрипа,
ползущего где-то рядом, где-то застывшего в метре
засыпанного лица с торчащей щекой небритой,
с синеющими глазами, точнее, с глазами жертвы.

3.

Chorus

Like chained dogs, the gravel piles of vigilant mountains guard the bay.
The cold's still concealing its face beneath a tender and rosy fan,
while the sun, powerless to do anything, hides and bites its lips;
the clinking walls of fat mugs resound in the barroom; the wind
blows and blows . . .

Sailor

Inside, what with the stomping combat boots, it is inaudible of course.
A song — hair and combs dance in curlicues of smoke;
stars, hanging down from the roof like children, peer into the windows;
dresses, chevrons, cuffs, the dresses peppered with rose corsages.

Stems in glass vases, beads of sweat beneath brows,
glances — dagger blades; a beery floor, steamy air;
tomorrow the road . . . paved with rock,
edged with gnarled burls of trees, souls pinned to that road.

Chorus

Adam's apples in front; gulping the burning strong stuff.
Far from the twisted lumpy trenches, the earth hut —
gaping like the suddenly opened cage of a feral animal,
fed and caressed with the warm palms of life —

Sailor

far from the whistle of shells, the drawn-out hissing of shrapnel,
far from the swollen unshaved cheeks of a sand-strewn face
crawling around somewhere nearby, frozen in horror a yard away,
with its livid eyes, the eyes of a victim.

[129]

Хор

Вдали, в убогой берлоге со смехом и криком женщин,
во снах, облокоченных наспех на деревянные стойки,
и расселившихся в коже: в сетках морщин и трещин,
во снах моментальных, рваных, как эта война
жестоких.

Матрос

Под утро, когда стихает, а песня вспорхнёт на ветку,
смерть пробуждается раньше, чтобы явиться первой,
вырядившись в льняное поверх одеяний ветхих,
и ждёт терпеливо, смущённо, у входа сестрой
милосердной.

Chorus

Far away, in a nasty dive filled with laughter and women's shouts,
he dreams, hurriedly plopping his head on the wooden bar,
settled into his skin, a net of wrinkles and cracks.
His catnaps are shredded, like this war of the pitiless.

Sailor

Toward dawn, when things quiet down, the song flutters up
        to a branch.
Death, however, wakes up even earlier and gets there first.
Having donned a linen shroud over her tattered clothes,
she waits by the door, patient and bashful, like a nurse.

4.

Хор

00:15. В трюмах вода, на палубе качка.
Идём. Натянуты ног провода,
стены пачкаем.

00:45. Тонем. Прощальной звездой
якорь светится. Хрип ветра, команды вой —
море сосёт Медведицу.

00:53. Шторм рук синеву наложил
на корпус корабля меченного. Помощь звали —
в ответ ни души. Нет ничего вечного.

4.

Chorus

00.15. Water in the hold. The deck rocks.
We sail. A taut wire of legs,
we bespatter the walls.

00.45. We're sinking. The anchor glows
like a farewell star. Wind rasps, the cries,
the sea sucks the Great Bear.

00.53. The storm laid the blueness of its hands
on the heeling boat. Called for help,
no answer. Nothing lasts forever.

5.

Матрос

Они замерзали во льдах, и корабельный док,
умевший взрезать плоть и бороться с цингой,
закрылся в каюте, повернув замок,
чтобы не задавать вопросов и не слушать проклятый вой.

Стареющий человек, существующий вдалеке
от родины, оказавшийся в конечном счёте
в ловушке, замурованным в леднике,
дрейфующем, потерянном землёй ледоходе.

Та, которую он так часто видел в глазах других,
бродила рядом, чувствовала его запах.
Море не терпело к себе, не терпело вообще чужих,
и он с командой останется в его лапах.

Он думал о себе, пока опускалась ртуть
термометра, взгляд становился угрюмее.
Собака, живая собака разрывала грудь,
скулящая в задраенном наглухо трюме.

Он взял из стола револьвер, (висок
казался ему вполне подходящей точкой)
забил хлебной мякиной дверной глазок,
и локоть отстраняя от себя, ну точно

в театре, один на один разыграл дуэль.
Зеркало на стене довольно скверно
морщило лоб, обозначало цель,
зеркало — малокровный и малодушный соперник.

5.

Sailor

They froze in the ice, and the ship's doc,
who could cut flesh and fight scurvy,
shut the door to his cabin and slid the lock
to avoid questions and ignore the horrid screams.

An ageing man living far
from home, finding himself stranded
in the end, immured in a glacier,
drifting, in an icebreaker lost to the land.

The specter he'd often seen in other's eyes
lurked nearby, sensing his odor.
The sea wouldn't open up, wouldn't compromise.
He and the crew would remain in its clutches.

He thought about himself; as the mercury dropped
outside, his face became gloomier.
A dog, a living dog ripped his chest,
whimpering in the shuttered room.

He picked up a pistol from the desk (his head
seemed a perfectly reasonable spot),
filled the keyhole with a piece of white bread
and placed his arm at a distance, as if

playing out a theatrical one-on-one duel.
The mirror on the wall screwed up its brow
pretty nastily, marking the target,
the mirror — an anemic and cowardly foe.

Последнее, что он разглядел, были часы,
подаренные капитаном ему за отвагу,
и знак зодиака с гравюрой «весы»,
и древко трёхцветного флага.

The last things he saw were his watch
the captain's gift for a brave heart,
Libra engraved on a zodiac chart,
and the staff of a tri-colored flag.

6.

Сирена

У моря нет ни лебедей, ни светлых спален,
с кем мы по небу полетим и где мы ляжем?

Судьба, мой ангел, только в ней никто не в силах
ни позвонить врачу, в ответ — ни отшутиться.

Ты постареешь. Постареют эти руки.
У лебедей белеют ночи вместо пуха,

а у тебя нет никого в открытом сердце —
лишь глупый парусник с его попыткой к бегству.

6.

Siren

The sea has neither swans nor bright bedrooms,
with whom will we fly and where will we lie down?

It's fate, my angel, but when enmeshed you can't
avoid calling the doctor, or laughing off the answer.

You're aging. These hands are aging.
Instead of down the swan's nights shine white,

while you have no one in your open heart —
just a foolish sailboat trying to escape.

7.

Хор

Атлантикой от одиночества укрывшись,
уходят корабли, оставив женщин верной свите окон.
Я различаю, как в часы затиший,
неженский стены оглашает окрик.

Но время всё же милосердней Бога.
Уходят женщины, оставив стены ветру.
Псы остаются из живых на этой бойне
за одиночество последними на грубых досках века.

Что, ржавчиной истлевши, цепи могут?
В один из дней и псам даруют волю.
Останутся ещё звезда и воздух,
звезда и воздух, над пустыней моря.

Так будет вечность — в ожидании чуда,
в затворничестве, в поисках ночлега,
виском ни прислонишься к тьме покуда.
Но корабли уходят, канув в Лету.

7.

Chorus

Veiled from solitude by the Atlantic,
the ships depart, leaving a faithful row of women by the windows.
In the quiet moments I can hear
a most unfeminine cry resound along the walls.

But time's more merciful than God.
The women depart, leaving the walls to the wind.
Of living things only dogs remain
at this abattoir, alone on the coarse planks of the epoch.

But, eaten by rust, what can the chains do?
So one fine day they liberate the dogs.
Above the empty sea only stars and ether
will remain, only stars and ether.

This will be eternity — awaiting a miracle,
in seclusion, searching for a place to put your head,
nowhere to lay it down in the darkness.
But the ships depart, sinking into Lethe.

8.

Семь дней прошло, как не вернулись в порт.
Гигантских волн ворочалось железо,
и ветер с палубы смахнул солёный пот,
крик человечий превращая в лепет.

И четверо молились в унисон,
и запах смерти воцарился в трюмах,
когда штурвала закатилось колесо
в посудины распоротое брюхо.

На берегу бревенчатая жуть
изб смоляных, задёрнутая ситцем.
Дороги обронённую вожжу
звезда лучами натянуть не в силах.

На берегу, в кочующих песках,
порвался тонкий ожиданья невод,
разбив подвешенный на четырёх крюках,
кувшин надколотый фарфорового неба.

И темноты отдраив ржавый люк,
где океанского котла клубилась накипь,
спустились женщины навстречу кораблю
с огнём в руках и превратились в факел.

8.

It's been seven days and they haven't returned to port.
The iron of gigantic waves rolled
and the winds from the deck flicked away the salty sweat,
human cries turned to whispers.

Four of them prayed in unison
and the smell of death ruled the hold
when the wheel crashed into
the vessel's sliced open guts.

On shore the canvas horror
of tarry shacks, curtained with cotton.
Starlight's not strong enough
to tauten the safety rope.

On shore the thin net of expectation ripped
amid the nomadic sands,
cracking the pitcher of porcelain heaven
that hung on four hooks.

And ripping open the rusty porthole of darkness
where the scum of the ocean depths roiled,
the women, fire in their hands,
went down to meet the ship, turning into flares.

9.

Матрос

В золочёную рожь, в никуда, в не любя,
упадёт эта капля,
на лету утешая себя,

как вдова упадёт,
и огонь полетит в пустоту,
чтобы свет не мешал ей
вдыхать в темноте темноту.

Осторожное море
в моей замерзает груди,
никого позади у него, никого — впереди,

обескровленный зверь,
опадающий
вызревшим семечком куст,
на изломе, на краю синевы
затихающий пульс.

По садам, по сверкающим насыпям
влагою, цветом, репьём,
отстучит, будто не жило,
оскудевшее сердце моё,

расколовшись, как яблоко,
мякотью, спелостью, вдруг,
в непрерывный покой превратится,
в сплошной белый звук.

9.

Sailor

Into nowhere, into no love, into the golden rye,
falls a drop,
consoling itself on the fly,

falling like a widow,
like fire flying off into the void,
not letting light stop it
from inhaling darkness in the dark.

The cautious sea
freezes in my chest,
a bloodless beast,

a bush with overripe seeds
falling,
at a breaking point, at the edge of blueness,
a decelerating pulse,
no one's behind it, no one in front.

In the gardens along the paths sparkling
with dew, blossoms, thistles,
my impoverished heart
beats as if it had never lived,

breaks into pieces, like an apple,
with its flesh and ripeness, and suddenly
it is transformed into eternal serenity
into white noise.

10.

Ангел

Приходи на рассвете убить всех моих чаек —
ибо я море,
прихвати с собой хлебный мякиш —
каждая жертва достойна последней воли.
Из голосов и воплей
мы симфонию сложим
невозможного.
Ты сыграй её, стоя
на белом песке
отчаяния.

Ибо я Нюрнбергский процесс,
скажу: повинен
в том, что я здесь.
Что цветеньем была, а стала пеплом.
Что ненужность, как голубая мечеть
в христианской давке, —
у порога — твои сандалии.
Музыка
человеческого молчания,
до какой глубины может дойти она!
На языке твоём
я всего лишь волна —
сгусток воды и соли.

Каждый божий день ожиданье конверта,
будто внутри сокрыт некий смысл, покуда
конверт не вскрыт.

10.

Angel

Come at dawn to kill all my gulls —
for I am the sea.
Bring a lump of white bread —
every victim deserves his last wish.
From the voices and howls
of the impossible
we'll compose a symphony.
Play it standing
on the bleached sand
of despair.

For I am the Nuremburg trials,
and so I say: it's your fault that
I am here.
That I was a flowering but became ash.
That irrelevance, like a blue mosque
in a Christian crush, is
at the threshold — your sandals.
How deep
the music
of human silence!
On your tongue
I am nothing but a wave —
a clot of water and salt.

Each day's like waiting for an envelope,
which hides a secret as long as
the envelope stays sealed.

Между мной и тобою годы —
зачерпни их ладонью из самых недр,
ибо я есть кувшин, что стоит у входа.
А дальше? А дальше — снег.

Between us are years —
scoop them up in your palm from the depths,
for I am the ewer that stands by the entrance.
And farther on? Farther on is snow.

ANGELINA POLONSKAYA (1969) was born in Malakhovka, a small town near Moscow. Since 1998, she has been a member of the Moscow Union of Writers and in 2003 Polonskaya became a member of the Russian PEN-centre. In 2004, an English version of her book *A Voice,* translated by Andrew Wachtel, appeared in the acclaimed "Writings from an Unbound Europe" series at Northwestern University Press. This book was shortlisted for the 2005 Corneliu M Popescu Prize for European Poetry in Translation and for the American Association of Teachers of Slavic and East European Languages (AATSEEL) prize for literature in translation. Polonskaya has published translations in many of the leading world poetry journals, including *World Literature Today, Poetry Review, The American Poetry Review, Smena, Volga, Novyi bereg, Argumenty i fakty, Boulevar, International Poetry Review, The Iowa Review, The Massachusetts Review,* and *Prairie Schooner.* In October 2011 the "Oratorio-Requiem" *Kursk,* whose libretto consists of ten of Polonskaya's poems, had its debut at the Melbourne Arts Festival.

ANDREW WACHTEL is the president of the American University of Central Asia in Bishkek, Kyrgyzstan. Previously he was dean of The Graduate School and director of the Roberta Buffett Center for International and Comparative Studies at Northwestern University. A fellow of the American Academy of Arts and Sciences and a member of the Council on Foreign Relations, his interests range from Russian literature and culture to East European and Balkan culture, history and politics to contemporary Central Asia. His most recent published books are *The Balkans in World History* (Oxford UP, 2008) *Russian Literature* (with Ilya Vinitsky, Polity Press, 2008), and *Remaining Relevant After Communism: The Role of the Writer in Eastern Europe* (U. of Chicago Press, 2006). He has translated poetry and prose from Russian, Bosnian/ Croatian/Serbian, Bulgarian and Slovenian. *Paul Klee's Boat* is his second full-length collection of translations of the work of Anzhelina Polonskaya.